죄송해요
이별은 처음이라서요

글 한승완

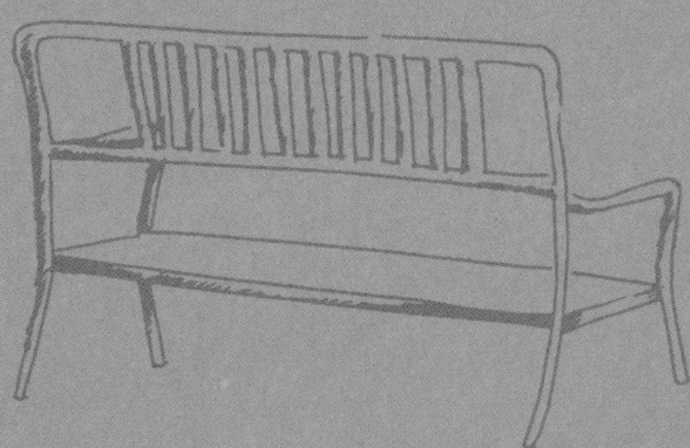

지식과감성#

저자 소개

한승완

대전 출생.
가수 신승훈의 팬이고,
신승훈 앨범에 작사를 할 수 있을지도 모른다는 생각에
글을 쓰기 시작했다.
충남대학교 행정대학원에서 사회복지를 전공하였고,
현재 중증장애인거주시설 행복누림 원장으로 일하고 있다.
대전사회복지사협회 부회장,
한국사회복지사협회 중앙대의원이다.
2012년 아산사회복지재단에서 아산상,
2013년 대통령 산업포장,
2019년 국무총리 표창을 받았다.
수레바퀴문학상 대상, 실로암문학상 대상,
구상솟대문학상을 수상했다.
시집으로, 2019년『그대에게 예쁨상을 드립니다』,
2020년『그대 마음을 주워다 이불 한 채를 지었습니다』가 있다.

이메일: foryusm@hanmail.net
카카오톡 아이디: foryusm

"Heavenly Father I appreciate You"

목차

2부 나에게는 그대라는
다섯 번째 계절이 있습니다

**3부 제가 좀 서툴죠
이별은 처음이라서요**

1부

지나가는 길에 잠시 노란벤치에 앉았다

벚꽃백신

벚나무에 봄비가 찾아와 원료를 주입시키면
벚나무는 깊은 잠에서 깨어나 백신을 만들 채비를 한다
살갗에 생채기를 내어 꽃봉오리를 띄운다
아기 벚꽃잎이 살짝 고개를 내밀면 기다렸다는 듯이
꽃샘바람이 불어와 방해를 하지만
굴하지 않고 벚나무는
뿌리부터 가지까지 있는 힘을 모두 쥐어짜
가지주사기에 아기 꽃을 채우고야 만다

긴 겨울이 지나고
아픔의 시간을 보내고
이제 희망의 시간이 찾아온다
아기 꽃이 고개를 가누기 시작하면
따스한 봄바람이 백신을 배송한다
가지주사기에서 뿜어져 나오는 벚꽃잎은
바람이 불 때마다
사람들의 머리 위에
지나가는 자동차 위에
아이들이 뛰노는 놀이터 위에
할아버지 할머니가 쉬고 있는 벤치 위에

한 잎씩 떨어지고
벚꽃이 닿을 때마다 사람들은 마냥 행복해진다

벚꽃백신이 퍼져 나간 세상이
내년 봄이 올 때까지
아프지 말고 행복하길
벚나무는 초록잎 두 손 모아 기도하며
긴 숙면을 취한다

풀꽃

도로 위 아스팔트를 뚫고 나오는 풀잎 하나가 있다
어둡고 캄캄한
빛이 하나도 없는
그 절망의 흙바닥에서
보이지 않는 희망을 찾아
조금씩 아주 조금씩
어둠을 더듬거리며 자라는 풀잎이 있다
모두가 안 될 거라며
절망하고 있을 때
풀잎은 그 작고 작은 공간을 찾아
마침내 아스팔트를 뚫고 나오고야 만다
그 찬란한 몸짓을 시샘하듯
자동차들이 뭉개 버리고
사람들이 짓밟아 버리지만
풀잎은 포기하지 않고
일어서고 또 일어서 결국 한 포기가 되고야 만다
너를 풀잎이라 하지 않고
한 송이 풀꽃이라 부르겠다

그게 사랑이에요

사랑하면 변해요
그대가 내 안에 들어오게 되면
내가 변하게 돼요
그게 사랑이에요

그대에게
나를 태워서라도
힐링하라고 불멍해 주고 싶은
그게 사랑이에요

나만 바라보라고
불멍해 주고 싶어요
나만 바라봐 줬으면 하는 마음
그게 사랑이에요

그대 마음 한 조각

그대 마음 한 조각을
이 땅에 보내 주기 위해
하늘에서는 손재주가 가장 좋은 천사를 불러다가
아끼고 아끼던 고운 비단을 꺼내어 재단하고
명주실로 한 땀 한 땀 정성스레 꿰매어
혹시라도 상할까
어디라도 부딪칠까
조심조심 고이고이
구름에 싣고 바람에 날려
이 땅 한 자락에 오게 하였을 텐데
그 마음 한 조각을 얻는데
내 생명을 다 받친다 한들
어찌 아깝겠는가
어찌 주저하겠는가

자꾸 주고 싶다

너에게 자꾸 주고 싶다
사랑
사랑받으면 예뻐진다는데
더 예뻐지라고
더 아름다워지라고
쉬지 않고 주고 싶다
사랑

마음으로 보는 벚꽃

벚꽃잎이 떨어져 바람에 날리는 것을
눈으로 보는 것 같지만
마음으로 보는 사람들이 있다
지나간 옛 추억 속에
한 장의 사진처럼 남아 있는
햇살 좋은 날의 벚꽃잎이 날리는 순간
함께 웃으며 꿈을 나누고 사랑했던 사람이
나도 모르게 떠오르기 때문이다
그래서 벚꽃잎이 날리는 계절이 오면
살짝 마음이 아픈 사람들이 있다

한 우물

한 우물만 파야겠어요
그대 마음 한 우물만 파고 또 파려구요
다른 우물은 이생에서는 포기하려구요
우물을 깊게 팠는데도 사랑이 안 나오면 어떡할 거냐구요?
그래도 좋아요 그곳에서 살면 되니까요

살고 싶은 집

그대가 살고 싶은 집은 한강뷰
내가 살고 싶은 집은 그대뷰

벤치

지나가는 길에 잠시 노란벤치에 앉았다
바람이 불어온다
꽃잎도 떨어진다
나비도 날아다니고
벌도 윙윙 소리를 내며 지나간다
봄 햇살이 따뜻해서인지 잠이 온다
꿈속에서 소낙비가 내렸다
우산 없는 아이들이 뛰어서 집으로 간다
낙엽이 떨어지고
눈이 내린다
놀라서 꿈에서 깼다
여전히 봄이다
아름답고 찬란한 봄
벤치에서 일어났다
삶이라는 여행도
잠시 벤치에 앉았다 일어나는 것처럼
순식간에 지나갈 것이다
벤치에서 일어나는 순간도
아름다운 봄날이었던 것처럼
내 인생 마지막 날에도

아름다운 꿈같았다고
따뜻한 봄날이었다고 말할 수 있기를 소망해 본다

이별하지 말고 작별하자

봄꽃과는 이별하지 말고 작별하자
봄꽃이 언제 떠나는지 알지 못한 채
어느 날 아침 창문을 열고
나무에 꽃 하나 남지 않음을 보고 아쉬워하며
내년 봄을 기다리는 이별하지 말고
봄꽃이 지기 전 나무에게 찾아가
천천히 봄꽃 잎들 한 잎 한 잎을 바라보며
아름답게 찾아와 줘서 고마웠다며
꽃샘추위를 이겨 내고 피어 줘서 반가웠다며
눈빛을 맞추며 작별하자

언젠가 세상 떠나는 날에도
이 세상 살아온 날
지나온 하루하루에게
나와 함께해 준 모든 것에
너무나 고마웠다며
손 흔들며 작별하자

막을 수가 없구나 너를

커튼을 닫으니
방이 어두워진다
커튼은 단 하나의 햇빛도
허락하지 않았다

너에 대한 나의 마음을
이미 굳게 닫아 버렸는데도
그리움은 사라지지 않고
보란 듯이 내 눈을 부시게 한다
너에 대한 그리움은
그 무엇으로도 막을 수가 없다

못난이 꽃

벚나무에 핀 수많은 꽃들 중에서
유난히 잎이 짧고 색이 밝지 않은
꽃 하나가 있었다
꽃들은 이 꽃을 따돌렸다
바람도 이 꽃을 피해 간다
햇살도 이 꽃에게 다가가지 않았다

사람아 너는 이 꽃을 못난이 꽃이라 부르지 말고
예쁜 꽃이라고 불러 줘라
세상에서 가장 아름다운 눈빛으로 바라봐 주어라
시간이 지나 꽃들이 지어 갈 때
모두가 못난이 꽃이라 불렀던 그 꽃이
가장 아름답게 지어 가는 꽃이 되어 있을 테니

위법

아직 준비되지 못한 내 마음에
그대가 불쑥 들어왔습니다
속도위반입니다

내 마음에 들어와서는
나갈 줄을 모르고 서 있습니다
주차위반입니다

내 마음이 그대 마음에
반하기 시작할 때쯤 내 마음을 떠납니다
뺑소니입니다

가지 말라고 붙잡았는데도
뒤도 돌아보지 않고 가 버립니다
신호위반입니다

그대가 내게 한 일은
모두 위법이었지만
벌은 내가 다 받은 것 같습니다
내 마음이 이토록 아프니 말입니다

위로

아픈 사람에게는
함부로 위로하지 마세요

헤어진 사람에게는
쉽게 힘내라고 하지 마세요

소중한 것을 잃은 사람에게는
괜찮을 거라며 말하지 마세요

어떤 말로도 위로가 되지 않을 때가 있어요
그 순간을 견뎌 내야 할 때가 있어요
아파야 할 때가 있어요
크게 한 번 앓고 나야 나아질 때가 있어요

밝게 반짝이는 별

문득 올려다본
밤하늘의 별이 너무 밝게 빛난다
누구를 그리워하며
얼마나 많은 눈물을 흘렸기에
먼지가 다 떨어져 나가
저렇게 밝게 반짝일까
얼마나 심장이 아프기에
저렇게 쉬지 못하고 반짝일까

빠져든다

너의 보조개에 빠져든다
깊지도 않은 연못이
네가 웃을 때 마다
몹시도 일렁인다
나는 그 작은 연못에 빠져
헤어 나오질 못한다

신이 너의 예쁨을 질투하셨는지
너의 볼을 살짝 꼬집으셨나 보다
그곳에 작은 연못이 생겼고
나는 그곳에 망설임 없이 빠져든다

꼭 그만큼만

그대를 얼만큼 보고 싶은지 묻는다면
하늘의 별을 세어 보라고 할 것이다
꼭 그만큼만 그대가 보고 싶다고 할 것이다

그대를 얼만큼 사랑하는지 묻는다면
바닷가의 모래를 세어 보라고 할 것이다
꼭 그만큼만 그대를 사랑하고 있노라고 할 것이다

그대가 얼만큼 그리운지 묻는다면
바닷물이 다 마를 때까지 기다려 보라고 할 것이다
꼭 그만큼만 그립다고 할 것이다

달팽이

달팽이가 느리다고 핀잔하지 마라
달팽이는 최선을 다하고 있다
죽을힘을 다하고 있다
당신은 목표를 향해
죽을힘을 다해 가 본 적이 있는가?
달팽이는 죽을힘을 다해
목표를 향해 가고 있다
가장 빠른 걸음으로 달려가고 있다

작용과 반작용의 법칙

사랑은 영원할 수가 없다
사랑이 작용하면 헤어짐이 반작용하기 때문이다
사랑하고 있는 순간에도 헤어지고 있는 것이다
사랑하는 시간만큼 헤어짐의 시간도 함께 공존한다
그래서 사랑은 영원할 수가 없다
삶도 죽음과 함께하고
행복도 슬픔과 함께한다
하늘과 바다가 함께 존재하고
낮과 밤이 공존해 가듯이

그러나 하나 작용과 반작용의 법칙을 어기는 것이 있으니
네가 보고 싶은 것이다
보고 싶은 것과 공존하는 것은 더욱 보고 싶어지는 것 하나뿐이었다

좋겠다

지구는 좋겠다
네가 살고 있어서

하늘은 좋겠다
널 매일 볼 수 있어서

꽃은 좋겠다
네 시선을 잠시나마 빼앗을 수 있어서

네가 그토록 바라는 꿈은 좋겠다
잠자기 전 날마다 너의 기도 제목이 될 수 있어서

마음 상해하지 마세요

그대
오늘 힘든 일이 있었나 보네요
마음이 많이 상했나 봐요
환하던 그대 얼굴이
무척이나 어두워 보여요
사랑하는 그대
힘든 세상이라는 걸 잘 알고 있잖아요
마음 상해하지 마세요
그대 마음만 바라보고 사는
그대 마음이 주는 사랑만 먹고 사는
나를 생각해서라도요
상한 마음을 먹으면 내가 아프잖아요
나를 생각해서라도
그대 마음 상해하지 말아요

마음이 허락받는 거 봤어?

마음이 허락받고 설레는 거 봤어?
널 보고 어떻게 사랑하지 않을 수가 있겠어
나도 모르게 이렇게 심장이 뛰고 있는데
마음이 너에게로 가고 있는데

상처

종이를 가위로 자르고
테이프를 붙인다고
상처가 없어지는 것은 아니다
시간이 흐르고
계절이 바뀐다고 해도
받은 상처가 아무는 것은 아니다
한 번 생긴 상처는 흔적을 남긴다
아무 생각 없이 던진 말 한 마디가
누군가의 심장에 생채기를 낸다
충고의 말을 할 때는
잠시 먼 산을 바라보고
스스로에게 먼저 말을 걸어 보라
스스로에게도 위안이 되면
그때 조심스럽게 말을 꺼내자
세상이 조금은 아름다워질 테니까

단풍

가을에 제철인 꽃게를
찜통에 넣고 한참을 찌면
알록달록 단풍이 되어 나온다
찜통 속에서 뜨거울까 봐
수놈 꽃게가 암컷 꽃게를 꼭 품어 준다
천천히 뜨거운 김이 솟아오르면
수놈 꽃게는 자장가를 불러 준다
한숨 자고 나면 예뻐질 거야
암컷 꽃게는 평안히 잠을 청한다
조금만 기다려 단풍처럼 고와질 거니까

첫눈송이

봄꽃이 필 때부터
얼마나 초조하게 기다리고 기다렸을까
여름 뜨거운 태양 볕에 녹을까 봐
얼마나 가슴 졸여 했을까
가을 낙엽이 떨어질 때
얼마나 이 땅에 내려오고 싶었을까
봄, 여름, 가을을 기다려
마침내 찾아온 겨울
이 땅에 천천히 떨어지는 첫눈송이
그 오랜 시간 기다림이
얼마나 간절했는지
땅에 떨어지자마자 녹아 버렸다
지나가 버린 내 첫사랑 같아
첫눈송이 녹은 자리에
뜨거운 눈물 몇 방울 떨어뜨려 준다
춥지 마 첫눈송이야
잃어버린 사랑 때문에
늘 가슴이 시린 나처럼 너는 춥지 마라

너에게 꼭 그런 사람이 되고 싶다

사람을 사귈 때면 꼭 사계절을 함께해 봐

벚꽃 피는 봄날에
세상을 얼마나 아름답게 사는지 지켜보고

뜨거운 여름날
걸을 때마다 손 선풍기 들고
너를 시원하게 해 주는지도 봐야 해

아름다운 가을날
낙엽 밟으며 함께 걸을 수 있는
낭만이 있는지도 봐야 하고

하얀 눈 내리는 겨울날
너를 위해 따뜻한 커피 한 잔
내밀 수 있는 사람인지도 꼭 지켜보고

첫눈이 내리는 날
네 생각난다며 제일 먼저 연락해 주는지도 봐야 해

네 생일날 12시가 땡 되면 축하한다고
연락 오는지도 봐야 하고

세상 모든 사람들이
세상 모든 만물들이
너를 믿지 못하겠다고 할 때도
너의 진심을 믿고 네가 좋다고 해 주는 사람인지도 봐야 해

그리고 사계절이 지났을 때도
앞으로 사계절을 함께해 보고 싶다는 생각이 든다면
그 사람과는 꼭 사귀어 봐

조금만

조금만
아주 조금만 힘을 빼세요
힘든 일이 있을 때에는
조금만
아주 조금만
힘을 빼세요
힘든 마음이 조금은 쉴 수 있도록요

별똥별

간절히 기다리는 사람보다
오지 못하는 사람이 가슴 아플 때가 있다
기다리고 있다는 것을 알기에
오지 못하고 서성이고 있는 마음은
사무치고 또 사무친다

깜깜한 밤하늘에 별똥별이 떨어진다
별똥별이 무리 지어 떨어진다
누가 간절하게 기다리고 있다는 것을 알고 있기에
저 먼 거리를 단숨에 날아오는 것일까
누굴 사랑하고 있기에
저 먼 밤하늘에서 쉬지 않고 찾아온 것일까

같은 하늘 아래 살면서도
기다리는 나를 찾아오지 못하고
마음 한구석 아파하는 이여
미안해하지 않아도 된다
오래오래 행복해서
내가 기다린다는 것을 잊고 살아가다오

상대성 이론의 오류

별은 누가 자신을 바라봐 줄 것을 기대하지 않는다
비가 오는 밤이면 더욱 그렇다
기대하지 않으면서도 늘 반짝인다
별은 슬픈 날이나 기쁜 날에도
늘 변함없이 반짝인다

사람을 믿어도 실망하고
믿지 못해도 마음이 상한다
사람을 믿거나 믿지 못할 때나
별님이 언제나 반짝이듯이
그 사람을 보고 웃어 주고 싶은 사람이 되고 싶다
상대성 이론을 보란 듯이 무너뜨리는
한결같은 사람이 되고 싶다
별처럼 변함없이 빛나는 사람이 되고 싶다

지구가 푸르른 이유

오늘 하루도 버거운 삶을 살아가느라 고생들 했어
별님들도 밤새도록 반짝이느라 고단했을 거야
태양도 하루 종일 하늘에 떠 있느라 힘들었을 거고
꽃들도 하루 종일 향기를 품어 내느라 얼마나 고달팠을까
숲속의 달팽이들도 부지런히 여행 다니느라 얼마나 다리가 아팠을까
힘들고 고생했던 우리들이 있어
오늘도 이 지구가 푸르게 빛날 수 있는 건 아닐까
너는 지구를 위한 소모품이 아니라
네가 지구 그 자체였던 거야
지구가 너이고 네가 지구였던 거야
너의 힘들었던 하루가 그만큼 값어치가 있었어

작은 것의 힘

광활한 바다의 시작도
어느 깊은 산속의 작은
옹달샘부터 시작되었음을
새벽 풀잎에 맺혀진 한 방울의 이슬방울부터 시작되었음을
너와 헤어진 후 떨어진 내 뜨거운 눈물부터 시작되었음을
우리의 뜨거웠던 사랑도
작은 우연부터 시작되었음을
우연이 인연이 되고
인연이 운명이 되었음을
여름철 찾아오는 태풍도
바다 위 작은 수증기부터 시작되었음을
산들바람에서 시작되었음을
너와 나의 이루어질 수 없는 사랑에
안타까워했던 바다의 애탐에서 시작되었음을
지구도 우주의 먼지에서부터 시작되었음을
별들이 부딪치며 쏟아져 나온 별 부스러기에서 시작되었음을
세상 모든 것이
본디 작은 것부터 시작되었음을 잊지 말자
그러면 아주 작은 것도 소중하게 여기는 사람이 되게 되니까

꽃이 아름다운 이유

꽃은 자신 앞에서 진심이지 않은 사람에게도
향기를 내어 준다

꽃은 자신을 사랑해 주지 않는 사람에게도
자신이 제일 아끼는 꽃씨를 선물한다

꽃은 자신을 바라보는 이 없는 절벽 위에서도
최선을 다해 꽃을 피운다

그래서 꽃은 아름다울 수 있었다

튤립

튤립은 지기 전에 고마웠다며
지금까지 자신에게 햇빛을 나누어 준
태양에게 고개 숙여 감사 인사를 한다

튤립은 일 년 후에
정확히 그 자리에서 다시 꽃을 피운다
태양은 다시 찾아와 줘서 고맙다며
튤립에게 따뜻한 햇빛을 선물한다

지구 어디선가
태양과 튤립의 거리보다
참 가까이 있는 너와 나는
그것만으로도 감사하며 살자
주어진 하루를 평범한 일상을 눈뜨면 찾아올 내일을
그렇게 감사하며 살면
혹시 알아
다음 생에도 또 다시 사랑하게 될지도
이생에서는 이렇게 헤어져 살고 있지만
그것마저도 감사하자
혹시 알아

다음 생에 사랑은 아니더라도
아는 사람으로 자주 만나게 될지도
너는 카페에서 커피를 내리는 바리스타로
나는 매일 하루에 한 번씩 들려 커피를 사 가는 사람으로
나는 그것만으로도 참 감사할 거 같아

블랙홀

내 마음이
나도 모르게
빨려 들어가고 있다
아니라고 말려 보고
이를 악물고 버텨 봐도
멈출 수가 없다
이미 나는 네 마음 앞에 선
하나의 작은 별에 불과했다
너는 그 별을 천천히 끌어당기는
거대한 블랙홀이었다
내 힘으로는 도저히 어쩔 수 없는
공황 상태였다
나의 의지로는 아무것도 할 수 없는
너에게 천천히 빨려 들어가는
빨대에 꽂힌 바나나우유였다

장독대

추운 겨울
소리 없이 내리는 눈이
뒷마당 장독대 위에 쌓인다
시린 바람 맞으며
고독했던 장독대 위에
친구가 찾아온 것이다
산다는 것은 때론 고독한 일이기도 하다
장독 안에는
고추장, 된장, 간장이
가득했지만
추운 바람은 고독을 느끼기에 충분했다
내 마음을 스쳐 지나가는
세상의 번뇌가 나를 고독하게 한다
장독대 위에 찾아온 눈처럼
나에게도 고독을 잊게 해 줄
친구가 찾아왔으면 좋겠다
며칠 뒤면 녹아 없어질 눈이지만
밤새도록 포근하게 장독대를 덮어 주는 친구처럼
나의 고독을 잠시 잊게 해 줄
차가운 손이라도 내어 줄 마음 따뜻한 사람
그 사람이 너였으면 좋겠다

우울한 달

비 오는 밤
달도 기분이 우울한가 보다
보이지를 않네
나도 어디론가 숨어 버리고 싶다
비만 오면 찾아오는
너에 대한 아픈 그리움을 피해서

행운

어느 순간부터
내게 행운이 찾아오지 않는 것만 같습니다
아무리 봐도
이 세상에 올 때 내게 주어진 행운은
그대를 만나고 사랑했던 일에 다 써 버린 것 같습니다
그런데 조금도 아깝지가 않습니다
다시 돌아갈 수 있다면
다음 생에 주어질 행운까지 그대에게 써 버리겠습니다

나무

봄이 지나고
여름이 가고
가을이 끝나고
겨울이 지나 봄이 오고 있는데도
우리 집 앞 산수유나무는
한 발짝도 움직이지 않았습니다
늘 같은 자리에서
묵묵히
봄이 오면 새순을 내고
여름이 오면 푸른 잎을 자랑하고
가을이 오면 열매를 맺으며
겨울이 오면
남아 있던 열매마저 새들에게 내주고 맙니다
한 발짝도 움직이지 못했지만
불안해하지도 걱정하지도 않습니다
불확실한 미래에 대해
산수유나무는
언제나 그 자리에서
자신의 일에 최선을 다할 뿐이었습니다
우리에게 찾아올 불안한 미래도 걱정하지 말고

맡겨진 작은 일에 최선을 다하며 살아 보세요
기적같이 삶 속에서 꽃이 피고 열매를 맺을 테니까요
한 발짝도 더 나아가지 못해도 좋아요
그 자리에서 열매는 맺혀질 테니까요
빛나고 멋지고 아름다운 열매가 맺혀질 테니까요

간절한 바람

겨울이 오면
우리 집 앞에 서 있는
산수유나무 앙상한 나뭇가지에
붉은 열매들 몇 개가 남아 있습니다
한 해도 빠지지 않고 새들이 날아와
산수유 열매를 콕콕 찍어 먹습니다
산수유나무가 얼마나 아플까요

그대가 없는 내 텅 빈 마음에
한 해도 빠지지 않고 그대 그리움이 날아와
내 마음을 콕콕 찍어 댑니다
죽을 것처럼 아프기만 합니다
그래도 그대여
부디 한 해도 거르지 말고
나의 마음을 찾아와 주세요
저의 간절한 바람입니다

왜 그런 거야

자작나무가 꽂힌
향기초의 심지 타는 소리는 들으면서
너를 사랑하며
애타는 내 마음의 소리를 듣지 못하는 거야

꽃이 피며 내는
향기는 그렇게 잘 맡으면서
너를 그리워하며
내 마음이 타들어 가는 냄새는 못 맡는 거야

밥 먹고 나서는
꼭 카페에 들려 아메리카노 한 잔씩을 마시면서
매일 너에게 공짜로 뭐든지 다 주려고 하는 나에게는
마음 한 번 놀러 오지 않는 거야

소중한 존재

저 넓은 들판에
우연히 피는 들꽃은 하나도 없다
바람에 날리는 홀씨들도
우연히 날아가 땅에 앉는 것이 아니다
수많은 사람들 중에
너도 우연히 존재하는 것이 아니다
신이 실수하거나
장난스럽게 이 땅에 보낸 사람은 하나도 없다
너를 보낼 때 신은 온갖 정성을 다했으리라
힘든 세상이 될 거라며 눈물도 흘렸으리라
고통스런 순간도 있을 거라며 걱정도 했으리라
너는 우연한 존재가 아니라
신이 지웠다 그렸다 고쳤다를 반복하고
밤을 지새우며 설계하고 만들어서
이 땅에 보낸 소중한 존재다

사람 마음 하나 얻는 것

사람 마음 하나 온전히 얻는 것이
겨울이 지나 봄이 오는 것이 아니라
봄이 오고 겨울이 오는 것처럼
마치 계절이 거꾸로 가는 것보다 어렵다는 것을
네가 내 곁을 떠나고 나서야 알게 되었다
네가 마음을 돌리고 나서야 깨달았다

생각만 해도 웃게 되는 그대

해가 지고 어둠이 찾아옵니다
어둠을 밝히기 위해서
가로등이 켜지고
별들이 반짝입니다
별님들이 오늘도 수고가 많네요
작은 반딧불이 친구들도 어둠 속에서 피어납니다
어두움은 매일 찾아오지만
어두움을 밝히는 것들이
세상에는 존재합니다

하루가 저물어 가는 것처럼
삶에도 고난이 찾아옵니다
숨 쉬고 있는 동안에는
힘들고 어려움이 찾아오기 마련입니다
고난을 이겨 내기 위해
몸부림치지 말고
잠시 밤하늘을 보면 별들이 위로해 줄 테고
나무에 핀 꽃잎을 바라보면 잠시 쉼을 줄 거예요
세상에는 고난을 이겨 낼 수 있는 것들을
하나님이 주셨답니다

나한테는 그대를 보내 주셨답니다
생각만 해도 웃게 되는 그대

하나님께 물었다

하나님께 물었다
사는 일이 왜 이렇게 힘든지
쉬운 순간들보다
어렵고 고통스런 순간들이 많은지
하나님께서 말씀하셨다
그래서 너를 이 땅에 보낼 때
나도 한동안 망설이고 울었다고
이 땅에 보내는 일이 결코 쉽지 않으셨다고

흔들리는 마음

바람이 불자
나무가 흔들린다
흔들리고 싶지 않은
뿌리 깊은 나무도
바람이 불면
가지가 흔들린다

너를 만나고
내 삶이 쉼 없이 흔들렸다
흔들리고 싶지 않아
몸부림쳐 봐도
너를 보면
나는 흔들리고야 만다

사랑이 자비함 없이 나를 흔들어 댄다
자비함이 없는데도 더 사랑하게 되는 너
너에게 나는 무참히도 흔들렸다
그래도 사랑하고픈 사람
보기만 해도 좋은 사람
그게 너이다

산다는 것은

꽃이 피기 위해
살갗을 찢는 나무의 아픔이 있었음을

무더위가 오기 위해
이동성 고기압의 쉼 없이 움직이는 노력이 있었음을

열매를 맺기 위해
나무의 부지런한 수고로움이 있었음을

첫눈이 내리기 위해
구름은 차가운 바람을 이겨 내는 고통이 있었음을

산다는 것은 끊임없는
고통과 인내와 수고로움이 있다는 것을
세월이 지나가고 나서야 바보같이 알게 된다

2부

나에게는
그대라는
다섯 번째 계절이 있습니다

그대 오기를

그대 오기를 반나절 동안 기다렸다
반나절 동안 참으로 행복했다
그대 오기를 온종일 기다렸다
온종일 참으로 행복했다
그대 오기를 밤이 가도록 기다렸다
밤이 가도록 오지 않는 그대
그래도 밉지 않았다
내일 또 기다릴 수 있으니

다섯 번째 계절

내가 사는 세상에는
겨울과 봄 사이에
다섯 번째 계절이 존재한다

그대라는 꽃이 피고
그대라는 열매가 열리고
그대라는 눈이 내린다

나는 그대라는 다섯 번째 계절에서만 살고 싶다

눈물꽃

꽃샘추위도 한참 머물러 간 늦은 봄
벚나무의 벚꽃들이 만개하고 떨어질 때쯤
기지개를 켜며 잠에서 깨어나
꽃을 피우려고 준비하는 아기꽃잎이 있다
벚나무는 아기꽃잎에게
피지 못한 채로 생을 마치지 말고
꽃잎을 활짝 피우라고
남아 있는 모든 기운을 짜내어 준다
뿌리 끝부터 시작해
나무 꼭대기까지 남아 있는 눈물들을 짜내고 짜내어
피어나게 하는 눈물꽃이 있다

삶도 뒤늦게 피어나는 꽃이 있다
조금 늦게 피는 것 같아도
온 지구가
창조주가 응원하고 있다
그대여 다른 이들보다
조금 늦은 것 같은 삶이라도 힘을 내라
꽃이 피어날 테니
그대 삶에도 반드시 꽃이 피어날 테니

별이 하나도 없는 밤

비 오는 날
밤하늘에 별이 하나도 없다
우리 헤어지고
내 안에 너의 온기가 사라져 버린 것처럼

별이 없어서인지 밤하늘은 깜깜하기만 하다
너의 온기가 하나도 없는 내 마음속이
아무것도 보이지 않는 어두운 터널이 된 것처럼

깜깜한 밤하늘에 별 하나 떠오르길 바라지만
아무리 기다려도 별 하나 떠오르질 않는다
아무것도 보이지 않는 내 마음이 너의 작은 온기를 느끼고 싶지만
아무리 찾아봐도 너의 온기가 느껴지질 않는다

밤하늘도 나만큼 힘들고 아프고 외로운가 보다
비 오는 밤
밤하늘에 별이 하나도 없다
내 마음에는 네가 없다

너를 만나면

너랑 밥을 먹으면
뭘 먹어도 다 맛이 있고

너를 만나면
나도 모르게 말이 많아져

너를 보면
뭔가를 계속 사 주고 싶어

너를 생각하면
세상이 아름다워져

너를 만나면 나는 이렇게 좋은데
너도 꼭 그랬으면 좋겠어
예쁘고 좋은 것을 보면
생각나는 사람이 되면 좋겠어

자신 있는 일

봄이 가장 자신 있는 일은
꽃을 피우는 일일 것이다
봄은 한 번도 꽃을 피우는 일을 거른 적이 없다

여름이 가장 자신 있는 일은
날씨를 덥게 하는 일일 것이다
여름은 한 번도 그 일을 쉬지 않았다

가을이 가장 자신 있는 일은
열매를 맺게 하는 일일 것이다
가을은 그 일에 있어서는 최고다

겨울이 가장 자신 있는 일은
하얀 눈을 내리게 하는 일일 것이다
겨울만이 할 수 있는 자부심이 강한 일이다

내가 가장 자신 있는 일은
그대를 기다리는 일이다
그대가 돌아오기를 기다리는 일을 한순간도 잊어 본 적이 없다
죽어서라도 그 일은 멈추지 않을 것이다

나를 위해 빛나는 별

나를 위해 빛나는 별은 하나여도 족하다
수없이 반짝이는 별들 중에
하나의 별만 나를 향해 반짝여 준다면
나의 삶은 외롭지 않을 것 같다

이 땅에 수많은 사람들 중에
나를 사랑해 주는 사람은
너 하나만으로도 벅차다
나의 삶은 그것만으로도 감동이다

겨울에 피는 꽃

겨울인데도
봄에 피는 개나리가 필 때가 있다
때 없이 꽃이 피었다고 의아해하는 사람들도 있지만
나는 네가 무척이나 반갑다
보고 싶었다

겨울에도
홍매화가 필 때가 있다

기다리고 있다
나를 떠난 네가
돌아오는 날을
그 불가능한 날을 기다리고 있다
그래서 나는
겨울에 피는 봄꽃들이
때 없이 피는 그 꽃들이 무척이나 반갑기만 하다

미련

겨울 초입
가을단풍이 아름답던 나무에
찬바람이 불더니
작은 잎 하나도 남지 못하고
모두 다 떨어져 버렸다
우리 헤어져서 불쌍해져 버린 추억들도
그대에게서
하나도 남김없이
사라져 버렸을까
겁이 났다

내 마음에
그대에 대한 미련이
모두 지워져 버린 줄 알았는데
잎 하나도 없이 서 있는 나무를
뒤돌아서서
한참을 펑펑 울었다

그대여 혼자 울지 말라

누구에게라도 한두 가지씩은
감당할 수 없는 아픈 일들이 찾아온다
그러지 않길 바라지만
그대에게도 아픈 일들이 찾아올 것이다
그러니 그대여 혼자 울지 마라
지나가는 바람과 울고
서 있는 나무와 울고
밤하늘의 별과 울라
그래도 눈물이 그치지 않으면
그때는 나에게 전화해 위로를 받아라
내가 그대 눈물이 마를 때까지
밤이 끝날 때까지
세상이 멈추는 날까지
함께 울어 줄 테니

밤하늘의 별

밤하늘의 빛나는 별들도
한 가지씩은 아픔을 지니고 있겠지
반짝이는 그 순간에도
외로움이 있겠지
존재한다는 것 자체가
아픔이요 때로는 외로운 일이기도 하니까
이 좁은 지구 위에 사는 나도 외롭고 아픈 일이 있는데
저 넓고 넓은 밤하늘에 살고 있는 별님은
얼마나 외롭고 고독할까
그래도 별님을 보며 위로를 얻지 않을 테다
내가 별님의 친구가 되어
매일 밤마다 바라봐 주어야겠다

겨울에 핀 개나리

어쩌다 계절을 잊고
겨울에 피어나는 개나리꽃이 있지
추운 바람을 뚫고 나오려고
얼마나 애를 썼을까
너를 사랑하는 나의 마음이 늘 이렇다
너를 만나는 모든 순간
내가 할 수 없는 일까지도
최선을 다하려고 애를 쓴다
겨울에 핀 개나리처럼
너에게는 늘 기적 같은 사람이 되고 싶다

낙엽이 떨어지듯이

가을이 되면
낙엽이 떨어지듯이

내 사랑이 무르익으면
너의 가슴에 떨어지고 싶었다

땅에 떨어진 낙엽을 밟으면
사각사각 소리가 나듯이

너의 가슴에 떨어진 나의 마음도
사랑한다고 속삭이고 싶었다

낙엽이 떨어진 위로
살포시 첫눈이 내리듯이

너의 따뜻한 마음 안에
마지막 사랑으로 녹아들고 싶었다

나의 하루

나의 하루의 시작과 끝을 너와 함께하는 것
나의 하루 중 가장 행복한 시간에 너를 생각할 수 있는 것
나의 하루 중 가장 힘든 시간에 너에게 "뭐 해"라며 문자를 받는 것
나의 하루 중 잠깐 잠든 시간에 너의 꿈을 꾸는 것
나의 하루 중 가장 지루한 시간에 너에게 전화가 오는 것
너의 하루 중 몇 번이라도 좋으니 내 생각이 나서 웃게 하는 것

너에게 주고 싶었다

내가 가진 행복을
반으로 나눌 수 있다면
너에게 주고 싶었다
아낌없이 주고 싶었다
사실 반보다 조금 더 주고 싶었다
아니 전부라도 주고 싶었다
주고 또 주고 싶었다
나는 너만 있으면 되기에
나에게 주어진 축복을
너에게 모두 다 주고 싶었다
더 이상 줄 게 없어서
내 삶이 불행해진다고 해도
아낌없이 남김없이 주고 싶었다

세상에서 가장 아름다운 것

내가 세상에 와서
두 눈으로 본 것 중에
가장 아름다운 것은
너였다

내가 세상에 와서
두 귀로 들은 것 중에
가장 아름다운 소리는
너의 목소리였다

내가 세상에 와서
맡은 향기 중에
가장 좋았던 향기는
너에게서 풍기던 샴푸 향이었다

내가 세상에 와서
내 입으로 말한 것 중에
가장 잘한 한 마디는
너를 사랑한다는 것이었다
죽을 만큼 사랑한다는 것이었다
죽어서도 사랑하겠다는 것이었다

그대를 그리워하며 흘린 눈물

그대를 그리워하며 흘린 눈물들이
새벽마다 풀잎에 맺힌 이슬이 됩니다

그대를 그리워하며 흘린 눈물들이
꽃잎 위에 떨어지는 봄비가 됩니다

그대를 그리워하며 흘린 눈물들이
얼마나 간절했는지 한여름 소나기가 됩니다

그대를 그리워하며 흘린 눈물들이
얼마나 외로웠는지 쓸쓸한 가을비가 됩니다

그대를 그리워하며 흘린 눈물들이
얼마나 가슴 시리게 추웠는지 하얀 눈이 됩니다

그대를 그리워하며 흘린 눈물들은
그대를 볼 수 있었지만
나는 차마 볼 용기가 나지 않았습니다
마음속으로만 그리워하고 또 그리워만 했습니다

사랑하며 살아야겠다

바쁜 일상 속에서
피곤한 두 눈으로
밤의 고독을 이겨 내고
힘차게 떠오르는 태양의 미소를 보는 것이
나에게는 감당할 수 없을 만큼 벅차기만 하였다
이토록 찬란한 순간에
파란 하늘을 뚫고 날아가는 새들과
비바람을 견디며 자라온 나무들의
이산화탄소를 낳는 산통을 지켜보는 것이
나에게는 감당할 수 없을 만큼 벅차기만 하였다
이토록 아름다운 세상
내 앞에 세상 그 어느 것보다
빛나는 그대가
나를 사랑해 주고 있다는 생각만으로도
심장이 멈출 것 같아 벅차기만 하였다
나에게 주어진 모든 것이
그것이 고통의 가시라 하더라도
나는 그것들을 사랑하며 살아야겠다
그대와 함께이니 말이다

꽃이 피는 소리

가만히 귀 기울여서
꽃이 피는 소리를 들어 봤니
비바람에 흔들릴 때마다
꽃의 울부짖음과
몸부림치는 소리를 들어 봤니
수많은 벌레들이 달려들 때마다
꽃봉오리를 힘주어 감싸는
힘겨운 모성의 신음소리를 들어 봤니
향기로운 꽃이 피기 위해서는
고난과 고통을 견디어야만 해
사람이 살아가는 세상도 마찬가지야
좌절과 고통을 넘어서고
다시 일어서고 또 한 발짝 걸어가야
인생에도 꽃이 피어
아름다운 꽃이 피어

세상과 그대를 바꿀 수 없는 이유

온 세상을 다 준다 해도
그대와 바꿀 수 없는 건
그대 없이 사는 세상은
내게 그리 큰 의미가 없기 때문이기도 하지만
세상이 주는 행복은 사라지겠지만
그대가 주는 행복은
죽어서도 잊을 수가 없기 때문입니다
그대를 기억하는 내 마음은
세상 어떤 지우개로도
지울 수가 없기 때문입니다
이미 그대가 내 안을 점령해 버렸습니다

비가 와

너를 생각만 하면 비가 와
너를 보고 싶어 하면 비가 와

심
장
마
비

너에게

너에게 세상에서 가장 좋은 것을 주고 싶었어
너에게 세상에서 가장 따뜻한 것을 주고 싶었어
너에게 세상에서 가장 소중한 것을 주고 싶었어
그래서 내 마음을 [illegible]려고

밤하늘에 별 하나

밤하늘에
별 하나 사라졌다고
밤하늘은
울지 않았다
슬퍼하지 않았다

내 삶 속에서
너 하나 사라졌는데
나는
세상을 잃어버린 것처럼 슬펐다
너무 아파서 아무것도 할 수가 없었다

그런 사람이 되고 싶다

어둠을 밝혀 주기 위해
촛불 심지에 불이 붙을 때
촛불은 얼마나 두려웠을까
자신의 몸이 타들어 갈 때마다
얼마나 무서웠길래
저렇게 뜨거운 눈물을 흘리는 걸까

사는 날도 두려운 날이 있다
다가오는 내일이 무서운 날이 있다
자신의 몸을 태워
어둠을 밝혀 주는 촛불처럼
이 두렵고 무서운 세상에
누군가에게 작은 미소 하나 나눠 주는
그런 사람이 되고 싶다
아픈 마음을 위로해 주는 촛불 같은 사람이 되고 싶다

널 기다리다

널 기다리다
나는 바보가 되었다
기다리는 일밖에
다른 일은 할 수 없는
바보가 되었다
아무리 기다려도
오지 않을 걸 알면서도
기다리는 바보가 되었다
바보라서
너를 기다리는 일 외에는 할 줄 몰라서
행복하다

나의 마지막 봄날까지

봄이 오면
개나리도 찾아오고
진달래도 찾아오고
벚꽃도 찾아오는데
그리운 그대는 오시지를 않네요
혹시 오시는 길을 잃어버리셨나요
아니면 사정이 있어 못 오시나요
나의 마지막 봄날까지
나는 그대를 기다려 볼 작정입니다
기다리다 기다리다
못 오셔도
뭐라하지 않겠습니다
원망하지 않겠습니다
날 사랑해 주었던 그 마음에 비하면
나의 기다림은 부족하기 때문입니다

진심

사랑하겠다고 했지요
우리 사랑에
비가 내리고 폭우가 치고
우박이 내려도
사랑하겠다고 했지요
사랑이 변하리라고는
한 번도 생각하지 못했지요
세상의 모든 사랑이 다 변해도
우리 사랑은 그러지 않을 거라고
다짐하고 또 다짐했죠
하지만
우리의 사랑도 끝이 나더군요
헤어짐이 오더군요
비가 와도 눈이 와도
폭풍우가 쳐도 이겨 낼 줄 알았는데
사랑으로 버틸 수 없는 일들도 있더군요
사랑하겠다고 했지요
지금은 그럴 수 없지만
하지만
기다리겠다고 한 말

그 말 한 마디는 진심이었어요
비가 오고 폭우가 내려도
내 기다림은
우뚝 서 있는 나무처럼 흔들리지 않고
그대를 기다리고 또 기다려요

그리움

눈물이 흐른 자국도 지워지고
눈이 내렸던 흔적도 녹아지고
벚꽃이 떨어진 나뭇가지의 상처도 새살이 솟고
너를 처음 만났을 때 둑에 피었던 개나리도
건물이 세워져 이제 보이지 않는다
너와 했던 수많은 약속들도 헛된 꿈이 되었고
네가 보냈던 편지들도 버려졌지만
너에 대한 그리움만은 지워지지 않는다
그것만은 날 떠날 생각을 못하고
내가 떠나보내고 싶어도 그러질 못한다
나이 한 살을 더 먹고
좋아하는 음식도 바뀌고
가지고 있는 생각들도 변하고 바뀌는데
나의 꿈도 사라지고
미래에 대한 생각도 달라지는데
너에 대한 그리움만은 여전히 그대로이다
그리움은 변함이 없었다
그리운 그대 부탁이다
돌아오지 않아도 좋으니
나 없이도 어디서든지 행복해라

나비가 머물다 간 자리

나비가 잠시 앉았다 가는 꽃은
하루 종일 설레였다
그대가 잠시 나를 바라봐 주는 것만으로도
나는 하루 종일 눈물 나게 감동이었다
그대가 웃어 주기라도 하는 날이면
나는 행복해서 죽을 것 같았다

행복이 오고 있다

이른 봄에 내리는 비가 있고
겨울이 되어야 내리는 비가 있다
이른 봄에 내리는 비는
얼었던 땅을 적셔 새잎이 나게 하고
꽃을 피운다
겨울에 내리는 비는
나무가 살아가야 할 수분을 제공하고
건조함을 없애 준다

봄에 피는 꽃도 순서가 있다
잎보다 먼저 피어나는 꽃이 있고
여름이 될 무렵 늦게 피어나는 꽃도 있다

행복도 찾아오는 순서가 있다
오늘 오지 않았다면 내일은 올 것이다
내일 오지 않는다면 며칠 후에 올 것이다
행복이 오고 있으니 그대여 힘을 내라

날씨예보

오늘 날씨를 안내해 드리겠습니다
오늘은 초봄으로 따뜻한 봄바람이 불어와
그녀를 그리워하기에 참 좋은 날씨가 될 것 같습니다
그녀가 좋아하던 개나리도 이제는 꽃망울을 맺고 있는데요
그녀를 생각하며 흘릴 눈물들이 땅을 촉촉히 적셔 줄 걸로 예상됩니다
한낮 기온은 영상을 회복하여 완연한 봄 날씨가 되겠는데요
그녀를 기다리는 마음은 아직도 겨울같이 차가우니
큰 일교차로 감기를 조심하셔야 할 것 같습니다
당분간은 꽃샘추위가 기승을 부려
그녀가 감기 걸릴까 걱정하는 마음이 커지기 쉬운 날씨가 될 것 같아
한동안은 마음이 많이 아프실 거 같으니
옷 따뜻하게 입고 다니시길 바랍니다
오늘의 날씨였습니다

옛날에는

옛날에는 하늘에 별이 참 많았었대
요즘에는 별 보기가 힘들지
왜 줄 알아?
너를 보고 싶을 때 별 하나씩을 땄더니
이제는 하늘에 별이 보이지가 않네

안타깝다

1년에

365일밖에 사랑할 수 없어서

하루에

24시간밖에 생각할 수 없어서

사계절밖에

그리워할 수 없어서

마지막 한 잎

가을에서 겨울이 온다고
나무에 달려 있는 잎들이
한순간에 다 떨어지는 것은 아니다
찬바람이 불고 눈이 내려도
마지막까지 남아 있는 잎이 있다
나무가 너무 아끼고 소중해서 붙잡고 있는
마지막 한 잎이 있다

더 이상 사람에게서 희망을 찾을 수 없는
세상이 되어 버렸다
하지만 세상도 아껴 둔 하나의 희망이 있다
바르게 사는 것이 손해 보는 것 같고
다른 사람들이 가지 않는 길을 가는 것이
바보같이 보여도
그대여 힘을 내라
마지막까지 남아 있는 한 명의 희망이
마지막까지 남겨 둔 한 잎이 너일 수도 있다
분명 너일 것이다

만일

만일 그대가 너무 외로워서
누군가를 사랑하고 싶어진다면
그대 자신부터 조금씩 사랑해 주세요
외롭지 않도록요

꽃

꽃은 필 때도 아름답지만
질 때도 아름답다
삶도 그럴 것이다
생의 마지막 날
눈 감을 그때가 가장 아름다운 순간이 될 것이다
석양에 지는 붉은 노을처럼
아름다웠노라고 무척이나 아름다웠노라고
말할 수 있을 것이다
이 세상 벤치에 잠시 앉았다가
집으로 돌아가는 길
고된 길이었지만
아름다운 순간이
너를 기다리고 있을 것이다
아름답게 지어 가는 꽃잎처럼
너의 마지막도 아름다울 것이다

꽃을 보듯

나무에 꽃이 피면
예쁘다고 하잖아
어떤 꽃은 예쁘고
어떤 꽃은 예쁘지 않다고 하는 것이 아니라
다 예쁘다고 하잖아

사람을 볼 때도 그랬으면 좋겠어
어떤 사람은 좋은 사람이고
어떤 사람은 나쁜 사람이고
그러지 말고
그냥 다 좋은 사람이야라고 말이야
꽃을 보듯 사람을 보면 좋겠어

그대는 꽃

그대는
전생에 꽃이었나 보다
만날 때마다 향기가 나는 걸 보면 말입니다
볼 때마다 아름다운 걸 보면 말입니다
말할 때마다 입술이 꽃술처럼 빛나는 걸 보면 말입니다

벚꽃 1

다시 태어나 꽃이 될 수 있다면
벚나무에 피는 분홍색 벚꽃이 되겠다
날씨 좋은 날
살포시 불어오는 바람결에
너의 머리 위에 잠시 머무를 수 있도록
그렇게 또 일 년이 지나
다시 너의 머리 위에 살포시 머무를 수 있도록
어느 봄날 바람에 날려
벚꽃잎 하나 너의 머리 위에 떨어지면
내 마음이 너를 잊지 못해 잠시 머물다 간 줄 알아라

벚꽃 2

벚꽃은 필 때도 아름답지만
떨어질 때도 아름답다
너의 삶도 그렇다
산다는 것은 고독하면서도
아름다운 일이다
너의 삶에도 꽃이 필 것이다
그 꽃이 언젠가 지겠지만
그것마저도 아름다울 삶이 될 것이다
부디 지치지 말고 꽃을 피우고
아쉬움 없이 꽃을 떠나보내라
꽃은 영원히 너의 것이 될 수 없나니
삶도 영원히 너의 것이 될 수 없나니
꽃이 지고 삶도 지는 날
그것마저도 아름답도록
하루하루에 최선을 다해라
긴 겨울을 이겨 내고 꽃을 피워 내는
벚나무처럼
욕심 없이 벚꽃을 다 떨어뜨리고
또 다시 봄을 기다리는 빈 마음으로

벚꽃 3

땅에 떨어진 벚꽃잎을 밟는데
마음이 아팠어
꼭 너의 예쁜 마음을 밟는 것 같아서

너의 마음에는

너의 마음에는
사과밭이 있나 봐
너에게서 사과 향이 나

너의 마음에는
천사가 있나 봐
너를 보면 마음이 착해져

너의 마음에는
등대가 있나 봐
너에게만 가고 싶어져

너의 마음에는
보물이 있나 봐
너를 보면 갖고 싶어져

여행 가고 싶다

여행 가고 싶다
네 마음속으로
네가 살고 있는 삶 속으로
너랑 차 한 잔 마실 수 있는 공간으로
할 수 있으면 거기서 머물러 살고 싶다
뿌리를 내리고 고목이 되도록
천 년 된 나무가 되어
너의 마음에 박히고 싶다

하늘 편지지

문득 올려다본 하늘
너를 사랑한다고 편지를 쓰고 싶다
너를 사랑하는 마음을 다 쓰기에는
하늘 편지지도 좁기만 하다

그대라는 꽃

벚꽃도 열흘이면 지고
개나리도 보름 남짓이면 사라지는데
그대는 도대체 무슨 꽃이길래
지지를 않고 늘 아름답게 피어
내 모든 시선을
빼앗아 가고만 있는가
내 마음을 온통 그대 향기로
물들이고 있는가

3부

제가 좀 서툴죠
이별은 처음이라서요

사랑의 설계도

처음 너와 나는 하나의 점에 불과했다
점과 점 사이에 자를 대고 우연이란 선이 그어졌다
너와 내가 만날수록
선에 또 다른 선이 그어지고 하나의 면이 되었다
너와 내가 서로 사랑한다는 사실을 알았을 때
면은 벽이 되었고
사랑이 깊어질수록 기둥이 세워져
결국 지붕이 덮여
하나의 집이 완성되었다
그 집에서 행복하게 살자 우리

그대를 기다리는 마음

바닷가의 모래알보다
하늘의 별들이 더 많대
그대가 그대를 사랑하는 마음보다
내가 그대를 사랑하는 마음이 더 클 거야
그대가 세상일에 마음 빼앗긴 순간에도
내 마음은 그대를 사랑하고 있으니까
그대가 나를 잊고 있는 순간에도
내 마음은 그대를 생각하고 있으니까
그대가 잠든 순간에도
내 마음은 불을 켜 놓은 채
그대 마음을 기다리고 있으니까

자석

나의 마음은
철가루가 자석에
어떤 저항도 하지 못하고 빨려 들어가듯이
너의 마음으로 하나씩 하나씩
빨려 가고 있다
나의 마음은
하나도 남김없이
모조리 나를 떠나 버렸다
너의 마음에 붙어
설레고 있었다
내 마음속은 텅 비었는데도 좋았다
죽도록 좋았다

나를 살게 하는 것

호흡이 아니다
나를 살게 하는 것은

내가 숨 쉬는 것보다
나를 보고 미소 짓는 너의 얼굴을 보는 것이
나를 살게 한다

선인장 1

나는 가시가 가득한 선인장입니다
나를 안으면 가시에 찔려 피가 나고 아픕니다
나는 사랑받을 수 없는 존재입니다
어느 누구도 나를 안아 주려고 하지 않습니다

그대가 나타났습니다
가시가 가득한 나를 안아 주겠다고
사랑해 주겠다고 눈물 흘리며
나를 품어 주려고 하는 사람을 만났습니다

그대가 나를 가슴에 안아 주자
그대 몸에서 붉은색 피가 흘렀습니다
나는 그대를 밀쳐 낼 수밖에 없었습니다
나를 사랑할수록 아파질 그대를
그대로 있게 할 수가 없었습니다
그대가 다가올수록 가시를 더 곧게 세웠습니다

그대를 떠나보내고
그대 몸에서 흘렀던 피가
붉은색 꽃이 되어 피었습니다

우리 사랑은 이루어지지 못했지만
내 몸에 아름답게 한 송이 붉은 꽃으로 남아 주신
당신을 영원히 잊지 않고
일 년에 한 번씩은 붉은 꽃을 피우겠습니다

선인장 2

그대가 다칠까 봐
다가가지 못하고 바라만 봅니다

혹시라도 그대가
꽃을 만지다가 가시에 찔려 아플까 봐
꽃 피우는 일을 주저합니다

그대가 나를 바라봐 주지 않아도
내가 그대를 바라볼 수 있는 것만으로도
나는 좋습니다 참 좋습니다

너만큼만 하겠느냐

석양에 지는 노을이
아름답다 한들
너만큼만 하겠느냐

봄날에 피는 꽃들이
예쁘다 한들
너만큼만 하겠느냐

겨울에 내리는 눈이
설렌다 한들
너만큼만 하겠느냐

이 세상 어떤 것도
너만큼만 하겠느냐

꽃이 떨어진 자리

꽃이 떨어진 자리에
아기 열매가 솟아오를 때면
상처 없이
열매 맺는 나무는 없다

상처 없이
사랑할 수는 없다
사랑이 커 갈수록
상처도 커진다

상처가 있어야
열매를 맺고
상처가 있어야
진정한 사랑을 꽃피울 수 있다

상처를 두려워하지 말라
다만 누군가를 더 뜨겁게 사랑하지 못함을 두려워하라
상처가 클수록 꽃은 아름답고 사랑은 진실해진다

떨어지는 꽃잎 하나

떨어지는 꽃잎 하나 손안에 담았다
떨어지는 꽃잎이 그대 같아서
내 마음이 행복해졌다
떨어지는 꽃잎 하나에도 의미를 부여하는 걸 보니
그대를 사랑하나 보다
누군가를 사랑하게 되면
보이는 모든 것에 의미를 부여하게 된다
작은 꽃잎 하나에도
바람에 흔들리는 나뭇잎의 몸짓에도
모든 것이 의미투성이다
그대가 나의 삶의 이유가 되어 버렸다

땅이 외로울까 봐

땅이 외로울까 봐
봄에는 꽃잎들이 찾아와 주고
여름에는 나무 그늘이 친구가 되어 주고
가을에는 낙엽들이 따뜻하게 덮어 주고
겨울에는 하얀 눈들이 여행을 온다

밤에는 달그림자가 찾아와 주고
아침이면 아기 햇살이 찾아와 준다

내가 외로울까 봐
하나님은 너를 보내 주셨다
너는 그 사실을 모르고
나를 더 외롭게만 한다
그래도 다행이다
네가 이 땅에 살아 주고 있어서
그것만으로도 나는 벅차게 행복하다

내 심장은 두 개입니다

내 심장은 두 개입니다
하나라면 이렇게 벅찰 수가 없습니다
하나라면 이렇게 두근거릴 수가 없습니다
그대를 사랑할 때 말입니다

내 심장은 두 개입니다
하나라면 이렇게 아플 수가 없습니다
하나라면 이렇게 고통스러울 수가 없습니다
그대와 헤어지고 나서 말입니다

내 심장은 두 개인 것이 확실합니다
그대와 헤어지는 순간
심장이 너무 아파서 하나는 이미 고장 나 버렸으니까요
그래도 살아 있는 걸 보면 두 개인 것이 확실합니다

심장이 시키는 대로

너무 많이 생각하지 마
생각이 많아지면 아무것도 하지 못해
가끔은 심장이 시키는 대로 무모하게 살아
전두엽이 생각하고
중추신경계에 전달해서
너의 마음이 움직일 때까지 기다리지 말고
심장이 시키는 대로 하란 말야
그래야 사랑을 하게 돼

너무 많이 생각하지 마
돌아오고 싶을 때면
미안하단 생각부터 시작해서
불확실한 미래가 두려워서
기다리는 나에게
돌아오지 못하고 서성이지 말고
심장이 시키는 대로 그냥 돌아오면 돼
태양이 허락받고 떠오르는 것이 아니듯
나에게 돌아오는 너는
허락 따윈 필요 없어

컨닝

절대 알려 주지 않는다
너의 마음
나를 사랑하고 있는지
얼만큼 사랑하고 있는지
절대 보여 주지 않는다
나를 보면 웃기만 하는 너
그 웃음의 진심을 몰라
애가 타는 나의 마음
컨닝도 안 되는 너의 마음
그 마음을 붙잡고 사는
바보 같은 나

내가 조금 더 노력할게요

그대는 죽을 때까지만 나를 기억하고 사랑해 주세요
나는 그걸로도 충분한걸요
나는 죽어서도 그대를 기억하고 사랑할게요
나는 그걸로도 부족하기만 한걸요
내가 조금 더 노력할게요
그대랑 해야 하는 일에 대해서는요

꽃도 속이 상할 때가 있다

꽃도 속이 상할 때가 있다
바람이 불어서 흔들리거나
비가 와서 젖을 때가 아니다
꽃이 최선을 다해 향기를 퍼뜨릴 때
그 진심을 모르고
꽃을 바라봐 주지 않고
지나쳐 버리는 사람 때문도 아니다
자신의 힘만으로는
꽃을 피울 수 없다는 사실을 알았을 때
꽃도 속이 상한다
그것은 햇빛의 도움과 신의 축복이 필요한 일
꽃도 자신 마음대로
되지 않을 때 속이 상한다

참 좋은 날

비가 오잖아
차 한잔하기 참 좋은 날이다
너를 그리워하기 참 좋은 날이다
너도 가끔 나를 그리워하니
오늘같이 비가 오는 날이면
노란 개나리가 가득한 봄날이 오면
지나가다 빨간 우체통을 보게 되면

오늘은 날씨가 참 좋다
오늘도 너를 그리워하기 참 좋은 날이다
매일이 너를 그리워하기 참 좋은 날이다

빨간 신호등

내 사랑은
그대 앞에서는
늘 빨간색 신호등이었으면 좋겠습니다
초록색으로 바뀌지 말고
그대 앞에서
멈춰 버린 내 사랑이면 좋겠습니다
내 삶이 정체되어 버려도 좋으니
영원히 그대만 바라보며 살았으면 좋겠습니다

꽃을 보고 예쁘다고 하지 않겠습니다

이 세상에 아름다운 것은
너 하나만으로도 족하다
그것은 사계절이 반복되는 것처럼
낮이 지나면 밤이 오는 것처럼
당연한 자연의 순리이다
이 세상에 아름다운 것은
너 하나만으로도 족하다
하나의 신앙이 되어 버린 사람아
아름다운 사람아

낭만적인 사람

그대 앞에서는
낭만적인 사람이 되고 싶었다
내 안에 거짓과 모순을
모두 벗어 버리고
흘러나오는 음악과
커피 한 잔의 향기를
가득 담은
낭만적인 사람이 되고 싶었다
비가 오면
우산을 함께 쓰고
낙엽이 떨어지면
함께 낙엽을 밟으며
첫눈이 오면
전화해 주는
낭만적인 사람이 되고 싶었다

내 마음을 훔칠 거면

내 마음을 훔칠 거면
사랑하는 마음만 훔쳐 가지 말고
그리워하는 마음도 훔쳐 가시지
그리움만 남아서 눈물을 흘립니다

그대가 태어난 날

하나님이 이 땅에 그대를 보내시던 날
얼마나 애쓰고 힘들게 만드셨는지
너를 만들고서
하루를 꼬박 쉬셔야 했대
너는 지구라는 액자 속에 넣어져서
많은 사람들에게 감동을 주는
세상의 하나뿐인 걸작품이야

작은 욕심

내게 작은 욕심이 있다면
뭔가를 더 소유하고자 하는 것이 아니라
비고 또 빈 마음으로
그대를 사랑하며 사는 것이다
그대의 사랑이 내 마음에 채워지지 않더라도
더 이상 바라지 않고
그대가 그대인 이유만으로
그대를 사랑하며 사는 것이다
욕심이 가득한 무거워진 마음으로
그대를 가지려고 하는 욕심 많은 사랑이 아니라
빈 마음으로 오직 그대의 행복만을 위해
기도하며 사랑하는 것이다

보이지 않는 꽃

꽃이 피었을 때는 눈으로 보고
꽃이 지고 나서는 마음으로 본다
눈으로 볼 때나 마음으로 볼 때나
꽃은 아름답다

그대가 내 옆에 있었을 때도 사랑했고
내 옆에 없는 지금도 사랑한다
내 옆에 있을 때나 없을 때나
그대는 여전히 내 사랑이다

사랑은 이토록 바보스럽고
현명하지 못한 것
소원을 들어줄 수 없는 달에게
기도하는 현명하지 못한 짝사랑
내 소원은 하나
그대 부디
나를 잊지만 말아다오
세상의 꽃이 다 사라지기 전까지만

보이지가 않아

몇 광년이 떨어진 별자리도
천체 망원경으로 보면 보이는데
내 옆에 있는
너의 마음은 보이지가 않아
너의 마음이 얼마나 예쁘면
하나님은 혼자만 보시려고
그걸 감추어 두실까

내 마음은 참 넓은 거 같아

내 마음은 참 넓은 거 같아
너를 지우고 또 지웠는데도
아직도 내 마음이 너로 가득 차 있어
매일매일 몇 백 번을 몇 천 번을 지워도
네가 또 어디선가 나타나
나를 보며 밉게도 웃고 있어
너는 도대체 내 마음 어디에서 나온 거야
내 마음은 나도 몰랐는데 참 넓은 거 같아

쬐끔한 너

쬐끔한 너를 안았는데
지구를 안은 것처럼 벅차오른다

쬐끔한 네가 나를 향해 걸어오는데
땅에 지진이 난 것처럼 심장이 쿵쾅거린다

쬐끔한 네가 나를 향해 웃는데
보름달이 너무 커서 하늘을 다 덮는 것 같은 기적을 보았다

쬐끔한 네가 나를 사랑한다는데
전 우주가 놀랐는지 별들의 심장이 커졌다 작아졌다를 반복한다

너는 꽃이다

꽃이 피어도 지어도 꽃인 것마냥
너는 어떠하든지 존귀한 사람이다
꽃으로 인해 세상은 향기로워지고
너로 인해 세상은 존재한다
절망하지 마라 그대
꽃은 피어도 지고
다음 봄이면 또 피어난다
너란 존재는 그 자체만으로도 의미가 있어
세상을 아름답게 만드는 하나의 작품이다
네가 살고 있는 것 자체가 창조의 완성이다

한 송이 꽃이라고 무시하지 마라

한 송이 꽃이라고 무시하지 마라
한 송이 꽃을 피우기 위해
봄부터 수많은 벌과 나비가 수만 번 날갯짓을 했음을
잊지 말자

한 사람이라고 소홀히 하지 마라
한 사람이 이 땅에 태어나기 위해
하늘에 있는 천사들이 모여 수발들어
신이 고민하고 또 고민하며
머리부터 발끝까지 빚고 또 빚어
이 땅에 살고 있게 하였음을 기억해라
천사들의 하얀 옷과 날개에 진흙이 묻어
하늘나라가 한바탕 난리가 났었음을 잊지 마라

비가 와도 슬픈 날

비가 내리는 날을 참 좋아했던 나였는데
너를 보내고 나서는
비가 내릴 때마다 차갑고 아프다
너를 사랑할 수 없어 지켜 줄 수 없어
보내야만 했던 나에게
하늘이 바보 같다며
세상에서 가장 차가운 비를
가장 아픈 비를 벌로 내리시나 보다
너는 세상에서 가장 차가운 비가 되어
너는 세상에서 가장 아픈 비가 되어
나에게 온다
차갑고 아팠지만 비를 맞는 게 좋았다
내게 다시 와 준 네가 반갑기만 했다
행복한 형벌이었다

보약

사랑이라는 보약 한번 드셔 보세요
곧바로 힘이 날 거예요
매일마다 아침이 설렐 거예요
늘 생각나는 사람으로 인해
가슴이 뿌듯할 거예요
뭔지 모르지만 희망이 자라나고
웃음이 많아질 거예요
삶이 늘 활기찰 거예요

이별이라는 보약 한번 드셔 보세요
큰 깨달음이 있을 거예요
사람이 얼마나 소중한지를 배우게 될 거예요
눈물이 얼마나 뜨거운지를 알게 될 거예요
누군가 나를 생각해 준다는 것이
평범한 일상을 함께해 준다는 것이
얼마나 큰 위로였는지 알게 될 거예요

사랑이란 보약도
이별이란 보약도 꼭 드셔 보세요
사랑은 행복을 주고
이별은 아프지만 깨달음을 줄 거예요

나는 네가 되었다

너를 생각하고 또 생각했더니
너를 떠올리고 또 떠올렸더니
내가 네가 되었다

사랑할 때도 이미 나는 네가 되었고
헤어진 지금 이 순간에도
나는 네가 되었다
네가 아니라면 설명할 수 없는
나의 텅 빈 마음과
아무 생각도 나지 않는 머리
이미 나는 내 것이 아니었다
사랑은 주는 것
이미 나는 너에게 나를 주고야 말았다

소박하기만 한 너

네가 원하면 하늘의 달도 따 줄 수 있어
네가 원하면 하늘의 별도 따 줄 수 있어
네가 원하는 것이라면 그 어떤 것도 해 줄 수 있어

네가 원하는 건 아주 사소한 것
하루에 한 번씩 생각해 주는 것
욕심이 없어 늘 나를 애태우게 하는 너
사랑에는 욕심을 내야 할 텐데
너무 착해서 소박하기만 한 너

신의 허락

나는 오늘 신께 감사했다
이 땅에 와서 너를 만날 수 있었음에
너를 사랑할 수 있었음에
그리고 지워지지 않도록
내 마음에 너를 꾹꾹 눌러 새겨 주심을
신이 허락해서
가질 수는 없었지만
이 땅에서 마지막으로 사랑한 사람이
너일 수 있었음에 진심으로 감사했다

바람

내가 이렇게 행복해도 되나
싶을 정도로
그렇게 한 번이라도 행복하게 살아 보고 싶다

네가 나를 사랑한다고
믿을 수 없겠지만
그렇게 한 번이라도 고백 받아 보고 싶다

다시 태어나지는 못하겠지만
그럴 수 있다면
그때도 너를 다시 만날 수 있었으면 좋겠다

사랑까지는 욕심내지 않겠다

피어나는 모든 꽃들은

피어나는 모든 꽃들은 예쁘고 아름답다
깊은 산속 아무도 봐 주지 않는 곳에서
바람에 흔들리며 서 있는 이름 모를 꽃이나
많은 사람들에게 향기를 내어 주는
도시 한복판에 핀 꽃이나
꽃은 예쁘고 아름답다
혹시라도 피지 못하고
봉오리 속에서 갇혀 있는 꽃이라 해도
함부로 불쌍하다고 하지 마라
피지 못했어도 한 송이 아름다운 꽃이다

이 땅에 태어난 인생들은 모두 존귀하고 고결하다
무엇을 하든 어디에 살든
꿈을 이루었든 이루지 못했든
사랑에 성공했든 실패했든
모든 인생들은 존귀하고 고결하다
힘들고 고된 인생이라도
함부로 불행했다고 판단하지 마라
살아 있다는 것 자체가 존귀하고 고결한 삶이니

걸림돌

사는 길에 평탄한 길만 있으면 좋겠지만
가끔씩 걸림돌이 나타난다
잠시 쉬라는 하늘의 선물이다
걸림돌이 나타나면
잠시 쉬어 가자
걸림돌과 싸우지 마라
돌과 싸워서 이긴다고 무슨 유익이 있겠는가
발로 차지도 마라
너만 더 아플 뿐이다
걸림돌을 만나거든
조금 돌아서 가든지
거리를 멀리해서 가라
걸림돌은
조급하게 세상을 살지 말고
다른 풍경도 보며 살라는 하늘의 선물이다

달이 보일 때마다

달이 보일 때마다
너를 잊지 못하도록
하나님이
밤하늘에 달을 만들어 놓으셨나 보다
매일 밤 전화 통화하며
보냈던 추억
그 행복하고 아름다운 시간을
헤어져도 잊지 못하도록
하나님이 달을 만들어 놓으셨나 보다
네 생각으로 내 머릿속이 가득해질까 봐
가끔 비를 내리시고
또 어떤 날은 구름을 보내시어
달을 가리시나 보다
너를 생각하는 마음 잠시 쉬라고
구름에 가려서
비가 내려서 달을 볼 수 없는 날은
마음이 몹시도 허전하다
너를 그리워하는 일이 아프고 힘들어도
내 머릿속이
너로 보름달처럼 가득 차는 시간이 좋기만 하다

좋은 땅과 나쁜 땅

좋은 땅에 심겨진 나무에게서만
열매가 맺히는 것이 아니다
나쁜 땅에 심겨진 나무에게서도 열매가 맺힌다
좋은 땅에 심겨진 나무는
별 탈 없이 쉽게 열매를 맺을 것이다
나쁜 땅에 심겨진 나무는
순간순간 치열한 사투를 벌이며
때로는 뿌리가 돌작들을 헤치느라
상처를 입은 채로
땅속 깊은 곳에
물을 찾아 헤맸을 것이다
좋은 땅에 심겨진 나무는
풍성한 꽃을 자랑하며
열매를 만들어 냈을 것이다
나쁜 땅에 심겨진 나무는
죽을힘을 다해 가지를 뚫고 나오는
꽃들 가운데서
힘겹게 열매를 맺었을 것이다
그러나 분명
나쁜 땅에 심겨진 나무도 열매를 맺나니

삶이 고단하고 힘겹다고 낙망하지 말자
너의 힘들고 고단한 삶에도 반드시
꽃이 피고 열매가 맺힐 테니
그런 날이 반드시 오고야 말 테니

사랑하기가 겁이 났다

어젯밤
벚꽃이 만발한 봄날
봄비를 좋아하는 너를 위해
너를 사랑하는 만큼
비를 내려 달라고 기도했더니
대지를 적시는
봄비가 쉬지 않고 내려
벚꽃잎이 다 떨어져 버렸다
너를 더 사랑하면
홍수가 날까 봐
사랑하기가 겁이 났다

불행한 일

헤어진 사람을
마음에 품고 사는 일은
불행한 일이야
이번 생은 불행한 삶을 살려고
다음 생이 없어도
너를 마음에 품지 않고는
살 자신이 없어

포기하지 않을 것

내일 우주가 멈추고
내 심장이 멈춰도
너를 사랑하는 일만은
절대 멈추지 않을 것이다
그것만은 포기하지 않을 것이다

노력해도 안 되는 일

기다리지 않아도
기도하지 않아도
내 책상 위에는 먼지가 쌓이고

기다리지 않아도
기도하지 않아도
내 마음에는 그리움이 쌓인다

먼지와 그리움은
시간이 갈수록 더욱 쌓여만 간다
치우고 치워도
어느 순간 쌓여 있다
아무리 노력해도 막을 수가 없다

하늘에서 내린다

봄에는 벚꽃잎이 내린다
벚꽃잎이 내려
세상을 아름답게 한다

여름에는 비가 내린다
비가 내려
세상을 깨끗하게 한다

가을에는 낙엽이 내린다
낙엽이 내려
세상을 따뜻하게 한다

겨울에는 첫눈이 내린다
첫눈이 내려
세상을 설레게 한다

나에게는 언제나 네가 내린다
나의 마음속으로 네 미소가 스며든다
너무 따뜻해서 타서 죽을 것 같다

행복한 그림자

그대가 웃으면 함께 웃고
그대가 울면 함께 울고
그대가 뛰어가면 함께 뛰고
그대가 걸어가면 함께 걷는
나는 그대의 그림자가 되고 싶습니다
그대가 보아 주지 않아도
늘 함께할 수 있으니
더 무얼 바란단 말입니까

그대를 만나고 나서부터

그대를 만나고 나서부터 사랑을 알게 됐습니다
그대를 만나고 나서부터 행복해졌습니다
더 무얼 바랄까요
그대를 만나고 나서부터 세상이 아름답게 보입니다
누가 이렇게 세상을 곱고 곱게 빚어 놓았단 말입니까

그대가 주는 거라면

내 마음에 돌멩이 하나 툭 떨어졌습니다
마음이 놀라서 철렁했습니다
그대가 내 마음에 돌멩이를 던집니다
아무 뜻 없이 나누는 대화가
누굴 보고 웃는지 모르는 미소가
내 마음에 돌멩이가 되어 떨어집니다
그대가 내 마음에 무심히 던지는 돌멩이가 쌓여
돌탑이 되어 갑니다
돌 하나하나 쌓일 때마다 마음이 철렁합니다
내가 그토록 바라는 사랑은 주시지 않아도
돌멩이라도 던져 주시니 그것마저도 감사합니다
짝사랑하는 그대가 주는 거니까
뭐라도 참 감사합니다

멍

그대가 때리지 않았는데도
내 마음에는 멍이 듭니다
그대를 허락 없이 생각하는 게 죄라서
벌을 받나 봅니다
세상에는 말이 안 되는 일이 참 많지요
내가 그대를 사랑하고 싶은 일이
정말 말이 되지 않는 일인가 봅니다
그대가 때리지 않았는데도
내 마음에는 시커멓게 피멍이 듭니다
그대를 사랑하고픈 마음이 죄라서
내 마음은 늘 아프기만 한가 봅니다

가을향기가 나는 그대

그대에게서는 가을향이 납니다
노란국화향이 아니라
그대만이 품어 내는 향기가 있습니다
온 세상이 그대 향기로 가득 찼나 봅니다
그대가 보이지 않을 때도
그대가 품어 내는 가을향이 납니다
가을 하늘도 그대 향기에 반했는지
저녁노을이 유난히 벌겋습니다

이별은 처음이라서요

죄송해요 제가 좀 서툴죠
이별은 처음이라서요
이런 마음 경험해 보지 못해서요
눈물이 제 말을 듣지 않아서요
그대 마음 무겁게 했나 봐요
내일부턴 그대 없이 살아야 하는 것도 걱정이라서요
아무 생각도 나질 않았어요
울기만 하고 잘 가라고도 못했어요
아무 말도 나오질 않아서 나 없이도 행복해라고도 못했어요
죄송해요
이별은 처음이라서요